VENTE
DU
24 DÉCEMBRE 1906
Hôtel Drouot, Salle N° 11
à deux heures

VENTE DALOU

Tableaux — Eaux-fortes — Gravures anciennes

Porcelaines et Grès de Sèvres

Grès de Carriès — Terre cuite de Rodin

COMMISSAIRES-PRISEURS

M. Jules BRODU

M. André COUTURIER

EXPERT

M. Paul ROBLIN

IMPRIMERIE E. CAPIOMONT ET Cⁱᵉ

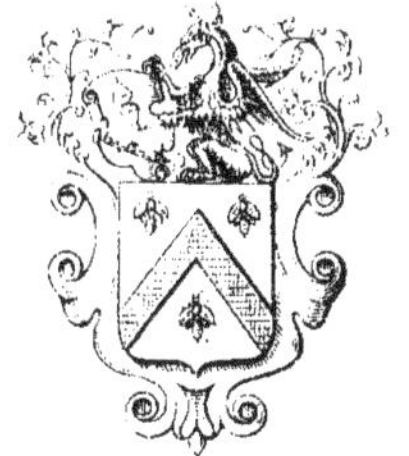

PARIS

57, RUE DE SEINE, 57

Succession de feu M. Jules DALOU, sculpteur

CATALOGUE

DES

TABLEAUX

PAR

FANTIN-LATOUR, GALAND, ALPHONSE LEGROS, G. REGAMEY

110 Eaux-Fortes

DE

BRACQUEMOND & A. LEGROS

Gravures anciennes et modernes

PORCELAINES ET GRÈS DE SÈVRES

Œuvres de Carpeaux et de Dalou

Grès de CARRIÈS. — Terre cuite de RODIN

MÉDAILLES ET MONNAIES

Dont la vente aura lieu à Paris

HOTEL DROUOT   SALLE Nº 11

Le 24 Décembre 1906, à 2 heures.

COMMISSAIRES-PRISEURS

M. Jules BRODU   M. André COUTURIER

43, RUE DE PROVENCE   56, RUE DE LA VICTOIRE

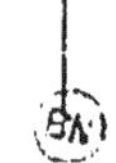

ASSISTÉS DE

M. Paul ROBLIN, expert, 65, rue Saint-Lazare

EXPOSITION PUBLIQUE

Le Dimanche 23 Décembre 1906, de 2 heures à 6 heures.

CONDITIONS DE LA VENTE

Elle sera faite au comptant.

Les acquéreurs paieront *dix pour cent* en sus des prix d'adjudication.

Les lots pourront être divisés.

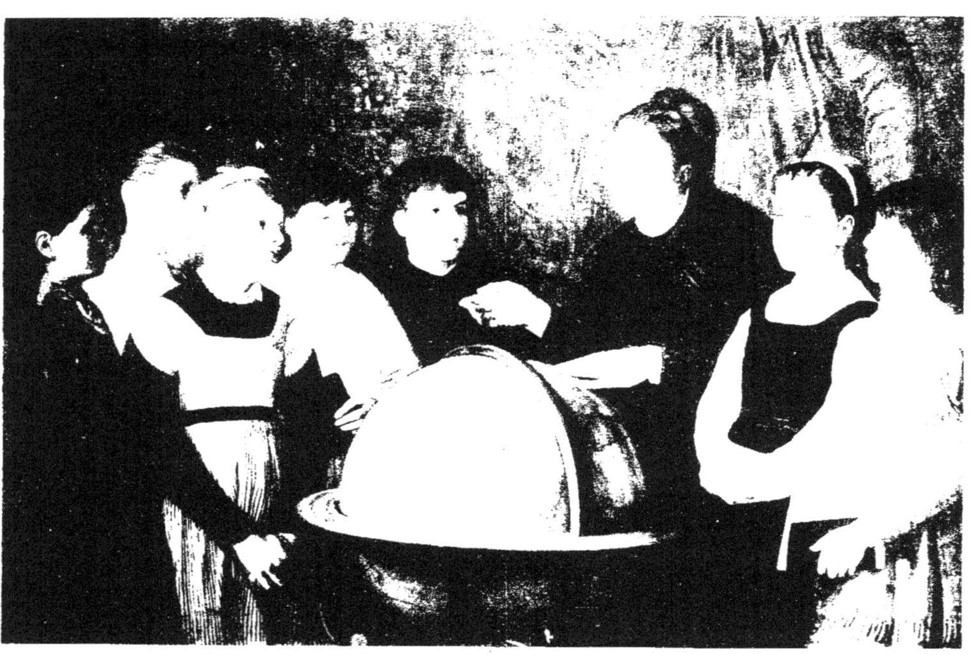

La Leçon de Géographie.

PRÉFACE

La vente dont voici le catalogue est, — conformément aux dernières volontés de Dalou, — effectuée « *par les soins et sous le couvert de l'Orphelinat des Arts*, » bénéficiaire, en fait réel, de la somme qu'elle produira. A ce titre elle s'impose à la bienveillance de tous ceux qui s'intéressent à l'œuvre admirable fondée par Marie Laurent.

Elle ne comporte aucune des œuvres de l'illustre statuaire, toutes celles que contenait son atelier ayant été données quasi gratuitement à la Ville de Paris, qui en a fait un musée spécial au Petit Palais des Champs-Élysées.

En revanche, on y trouve réunis des toiles, des dessins, des estampes rarissimes, que des maîtres avaient tenu à honneur d'offrir à Dalou; c'étaient pour la plupart leurs œuvres préférées, et Dalou n'ayant, quant à lui, conservé en son logis que celles qui lui semblaient tout à fait supérieures.

C'est ainsi qu'il avait précieusement mis en bonne place une série de peintures, de dessins, d'estampes d'Alphonse Legros. Elle est sans doute unique en France. Legros, l'une des gloires de l'École française contemporaine, habite depuis quarante ans l'Angleterre et la presque totalité de sa production y est demeurée dans les principaux musées et dans les plus célèbres galeries d'amateurs.

Parmi les Legros que possédait Dalou, on doit tout spécialement citer *la Leçon de Géographie*, œuvre d'une importance primordiale. On doit citer aussi quelques autres peintures. Des dessins à la mine de plomb y font cortège à une abondante réunion d'eaux-fortes, uniquement composée de ces épreuves parfaites que les artistes réservent pour eux personnellement ou pour leurs plus proches amitiés. Parmi ces épreuves, on compte de rarissimes épreuves d'essais ou d'état.

Au cours de son séjour en Angleterre, Dalou avait fait un buste d'Alma Tadema et, en échange de cette amabilité, le peintre hollandais a offert au sculpteur le portrait de toute sa famille, savoir : Dalou, Mme Dalou et leur petite fille, groupés sur une même toile. Alma Tadema attachait à cet ouvrage une importance telle qu'il tint à le faire venir de France lors d'une exposition de ses œuvres qui eut lieu à Londres il y a quelques années[1]. C'est tout à la fois un tableau d'un vif intérêt artistique et d'un non moindre intérêt documentaire.

De retour en France, Dalou retrouva son vieil ami Bracquemond pour qui ce fut toujours une fête de lui apporter, à toute occasion, les plus admirables épreuves. de ses planches les plus admirables. Parmi ces épreuves, il s'en trouve de doublement précieuses et par leur intrinsèque beauté et par leur extrême rareté.

L'illustre décorateur Galand se donna un jour le plaisir d'offrir à Dalou l'esquisse d'un de ses plus beaux plafonds et, comme il lui semblait que ce n'était pas encore assez, il la lui remit enchâssée dans le modèle même des moulures de son encadrement architectural.

Un autre jour, Rodin fit hommage à son confrère d'une de ses plus belles terres cuites ; une autre fois encore c'était Carriès qui lui faisait cadeau d'un masque de toute beauté et d'une de ses incomparables bouteilles de grès flambé.

Parmi les souvenirs de jeunesse pieusement conservés par Dalou, on trouve deux tableautins intéressants de son camarade de la petite École, Guillaume Regamey. On y trouve aussi, et ceci vaut qu'on s'y arrête particulièrement, un portrait de Fantin-Latour par lui-même qui, de l'aveu de tous, peut compter parmi les plus beaux portraits de Fantin.

En plus de ces ouvrages, les portefeuilles de Dalou contenaient quelques fort belles gravures du xviiie siècle. ainsi qu'un groupe de gravures diverses provenant de la Calcographie de la Ville de Paris et des épreuves d'état et d'essai sur Japon ou sur Chine des planches reproduisant soit : le *Mirabeau répondant à Dreux-Brézé*, soit du haut relief de la *République*, dont le marbre s'achève en ce moment et sera bientôt fixé aux murs du Petit Palais.

Par ce simple énoncé, on peut voir quelle est la valeur artistique de la collection d'objets d'art ayant appartenu à Dalou. Le souvenir de l'artiste génial qui y reste attaché ne saurait que lui donner plus de prix.

Et nous aurons terminé la nomenclature, d'ailleurs sommaire, de cette collection — (le catalogue est ici pour la compléter et pour la préciser) — quand nous aurons dit qu'il y a été joint une importante série de reproductions de diverses œuvres de Dalou exécutées soit en biscuit, soit en grès par la Manufacture Nationale de Sèvres.   M. D.

---

[1] Il l'avait fait assurer contre les risques de transport ou d'incendie, pour une somme de 10.000 francs.

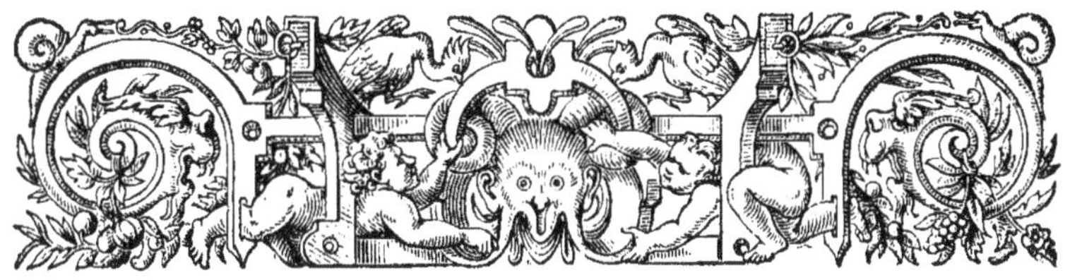

TABLEAUX

ALMA TADEMA

580

1 — *Portrait de M. et Mme Dalou et leur fille.*

Ce portrait a figuré à une Exposition générale
Musée du Luxembourg des œuvres de l'Artiste, à Londres.

Toile. Haut., 60 cent.; Larg., 30 cent.

CALMETTES (F.)

10

2 — *La Mare.*

Signé en bas à gauche avec dédicace.

Panneau. Haut., 17 cent.; Larg., 30 cent.

CALMETTES (F.)

10

3 — *Paysage.*

Signé en bas à gauche.

Panneau. Haut., 13 cent.; Larg., 30 cent.

FANTIN-LATOUR

1.950

4 — *Portrait du Peintre*, par lui-même.

Templaere

Toile. Haut., 25 cent.; Larg., 20 cent.

GALAND

70

5 — *Un Plafond encadré dans ses moulures archi-
tecturales.*

Signé avec dédicace : *A mon ami Jules Dalou.*

Dimensions de l'encadrement : 1^m,20 × 1^m,85.

GAUDEFROY (A.)

14

6 — *L'Atelier de Dalou, rue Montessuy.*

Signé avec dédicace.

Toile. Haut., 70 cent.; Larg., 90 cent.

LEGROS (Alphonse)

1.300
Rollin

7 — *La Leçon de Géographie.*

Signé en haut à gauche.

Toile. Haut., 1m,50; Larg., 1m,05.

LEGROS (Alphonse)

430

8 — *Venise, le Grand Canal.*

Signé en bas à gauche.

Toile. Haut., 92 cent.; Larg., 60 cent.

LEGROS (Alphonse)

65

9 — *Paysage.*

Signé en bas à gauche et daté : *1873.*

Toile. Haut., 50 cent.; Larg., 75 cent.

LEGROS (Alphonse)

520

10 — *Le Calvaire.*

Signé en bas à gauche et daté : *1874.*

Toile. Haut., 93 cent.; Larg., 75 cent.

LEGROS (Alphonse)

460

11 — *Enfant au Chien.*

Signé en bas à gauche et daté : *1858.*

Toile. Haut., 55 cent; Larg., 45 cent.

REGAMEY (Guillaume)

38

12 — *Scène militaire.*

En haut à droite, les initiales : *G. R.*

Toile. Haut., 32 cent.; Larg., 50 cent.

REGAMEY (Guillaume)

7

13 — *Étude de Chien.*

Toile. Haut., 37 cent.; Larg., 31 cent.

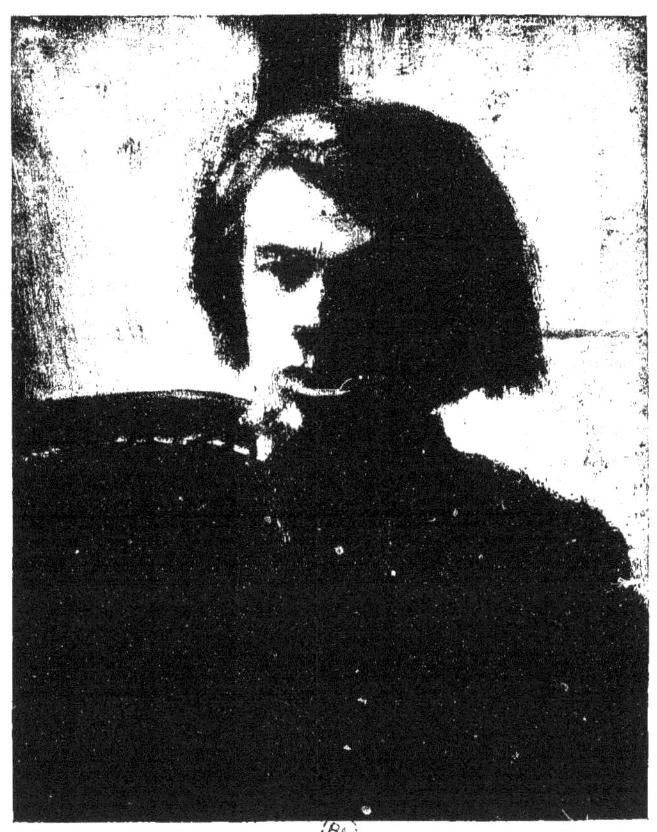

FANTIN-LATOUR

Portrait du peintre par lui-même.

Cliché Giraudon.

1950.

Eaux-fortes de Bracquemond

15 14 — D'après Corot : *Paysage.*

Épreuve sur Japon.

90 15 — Six Eaux-fortes, d'après Gustave Moreau.

Épreuves sur Japon, signées.

21 16 — D'après Ingres : *La Source.*

Épreuve signée.

26 17 — D'après Rousseau : *Paysage et Vaches à l'Abreuvoir.*

6 18 — D'après Delacroix : *Boissy d'Anglas.*

Deux états.

60 19 — *Homme à la houe.*

Épreuve sur Japon, signée, avec dédicace.

220 20 — *Le Coq.*

Épreuve sur Japon, signée avec dédicace : « *A mon ami Dalou* ».

56 21 — *Portrait de Goncourt.*

Épreuve sur Japon.

6

22 — *Portrait d'homme* (M. Benjamin Fillon).

Deux épreuves dont une signée.

15

23 — *Portrait d'un Musicien.*

46

24 — Neuf Eaux-fortes : *Portraits divers.*

15

25 — *Deux Portraits d'homme.*

57

26 — *Le Pont des Saints-Pères.*

17

27 — *Souvenir de deux factions. 14 octobre et 15 novembre 1870. Bastion 85.*

90

28 — *Troupeau d'Oies.*

Deux états.

200

29 — *Canards.*

Épreuve signée, avec dédicace.

150

30 — Six Eaux-fortes : *Oies et Canards, Oiseaux.*

42

31 — Deux Eaux-fortes : *Marines.*

155

32 — Cinq Eaux-fortes : *Bords de Rivière.*

47

33 — Six Eaux-fortes diverses.

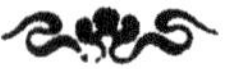

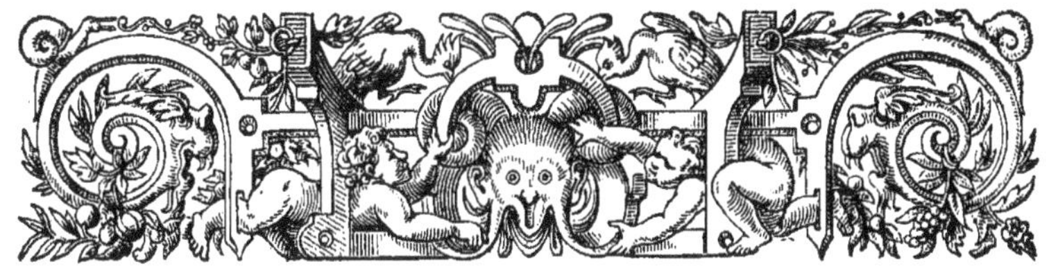

Eaux-fortes et Dessins de A. Legros

70 34 — *Intérieur d'Église.*
> Eau-forte, signée.

380 35 — *Intérieur d'Église.*
> Deux Eaux-fortes, signées.

21 36 — *Portrait d'homme.*
> Eau-forte, signée.

100 37 — *Une Paysanne et sa charrette.*
> Deux Eaux-fortes, signées.

38 — *L'Averse.*
> Eau-forte, signée.

415

39 — *Orage dans la Forêt.*
> Eau-forte, signée.

310 40 — *Portrait du Cardinal Manning.*
> Eau-forte, premier état, signée.

655 41 — *Les Bûcherons.*
> Eaux-fortes, deux états, signées.

315 42 — *La Mort du Vagabond.*
> Eaux-fortes, deux épreuves, signées.

35 43 — *Tête de jeune homme.*
Eau-forte, signée.

80 44 — *Portrait d'homme à longue barbe.*
Eau-forte, signée.

21 45 — *Tête de Vieillard.*
Eau-forte, signée.

201 46 — *Les Faiseurs de fagots.*
Eau-forte, signée.

75 47 — *Portrait d'homme.*
Eau-forte, signée.

90 48 — *Bûcheron.*
Eau-forte, signée.

23 49 — *Tête de femme.*
Eau-forte, signée.

120 50 — *Paysanne au panier.*
Eau-forte, signée.

65 51 — Deux Eaux-fortes faisant partie d'une série
intitulée : *Le Bonhomme Misère.*
Signées.

31 52 — *Le Repas des Moines.*
Eau-forte, signée.

181 53 — *La Mort et le Bûcheron.*
Eau-forte, signée.

25 54 — *La Mort et le Bûcheron* (la Mort dans le poirier).
Eau-forte, signée.

110 55 — Moines au puits.
      Eau-forte, signée.

81 56 — Prêtres au lutrin.
      Eau-forte, signée.

105 57 — Chevaux au rouleau.
      Eau-forte, signée.

55 58 — Charrue.
      Eau-forte, signée.

16 59 — Portrait d'homme.
      Eau-forte, signée.

39 60 — Étude de mendiant.
      Eau-forte, signée.

13 61 — Portrait de Sir J.-E. Poynter.
      Eau-forte, signée.

50 62 — Tête d'homme.
      Eau-forte, signée.

66 63 — Tête d'homme.
      Eau-forte, signée.

18 64 — Tête d'homme.
      Eau-forte, signée.

    65 — Tête de femme.
      Eau-forte, signée.

210 66 — Paysage.
      Eau-forte, signée.

100

67 — *Berger retrouvant son mouton.*

Eau-forte, signée.

68 — Un exemplaire de la collection de dix Eaux-fortes publié à 50 exemplaires, par Holloway, dans un carton spécial comprenant savoir :

4 20

N° 1. *Frontispice.*
N° 2. *Musicien.*
N° 3. *Prêtre en prière.*
N° 4. *Maitre de chapelle.*
N° 5. *Hommes et femmes priant.*
N° 6. *Paysage.*
N° 7. *La mort du moine.*
N° 8. *Bord de rivière.*
N° 9. *Portrait d'homme.*
N° 10. *Paysage.*

120

69 — *Portrait de Dalou.*

Eau-forte, signée.

360

70 — Cinq Dessins et une pointe sèche.

Signés.

210

71 — Quatre Dessins.

Signés.

90

72 — Petit portrait : *Tête de femme.*

Dessin à la mine de plomb, signé.

85

73 — *Étude de femme.*

Dessin à la mine de plomb, signé.

10

74 — *Petit Croquis.*

Dessin à la mine de plomb, signé.

33

75 — *Étude de Nu.*

Dessin à la mine de plomb, signé.

150

76 — *Portrait de femme.*

Dessin à la mine de plomb, signé avec dédicace.

80

77 — *Ecclésiastique anglais.*

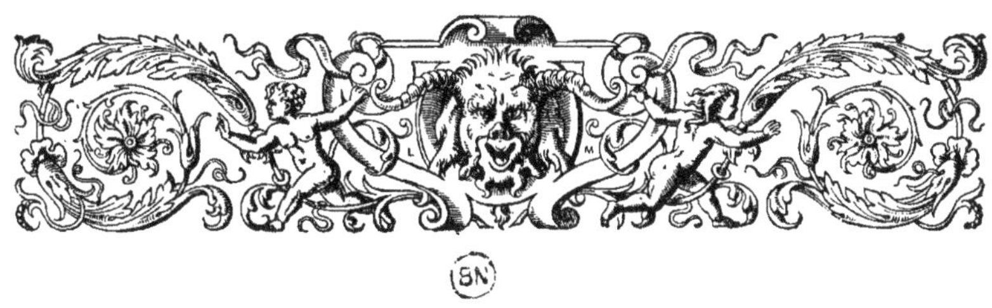

Estampes Anciennes

AVELINE

78 — D'après Watteau : *Diane au bain.*

BRION

95 79 — D'après Watteau : *La Contre-danse.*

CARS

11 80 — D'après de Troy : *Bethsabée.*

COCHIN fils

81 — *Décoration de la salle de Spectacle* (Mariage du Dauphin, février 1745).

COCHIN fils

18 82 — *Mariage du Dauphin,* chapelle de Versailles, 1745.

COCHIN père et fils

83 — *Décoration du Bal paré* (Mariage du Dauphin).

COCHIN

190 84 — D'après Watteau : *La Mariée de Village.*

P. de JODE

18   85 — D'après Rubens : *Les Trois Grâces.*

JOULIN

290   86 — D'après Watteau : *Les Agréments de l'Été.*

Pierre MERCIER

155   87 — D'après Watteau : *Propos galants.*

Pierre MERCIER

145   88 — D'après Watteau : *Fête galante.*

MOREAU le JEUNE

20   89 — *Décoration du Sacre de Louis XVI.*

MOREAU le JEUNE

90 — *Le Bal masqué du 23 janvier 1782* (Naissance du Dauphin).

Gravures Modernes

BOCOURT

19   91 — D'après le bas-relief de Dalou : *Mirabeau répondant à Dreux-Brézé.*

Sept Eaux-fortes, signées.

LAMOTTE

92 — D'après le bas-relief de Dalou : *Mirabeau répondant à Dreux-Brézé.*

Épreuve signée par le graveur, avec dédicace et contre-signée Dalou.

LEFORT (Henri)

93 — D'après Courbet : *La Sieste.*

Daniel MORDANT

94 — *La Fraternité.*

D'après le marbre de Dalou (au Petit-Palais).

Eau-forte, premier état, signée.

Daniel MORDANT

95 — *La Fraternité.*

D'après le marbre de Dalou (au Petit-Palais).

Eaux-fortes, huit épreuves, avec remarques.

GRAVURES DE LA COLLECTION DE LA VILLE DE PARIS

96 — *Trois Gravures :*

L'Exécution des Maillotins (J.-P. Laurens).

La Voûte d'Acier (J.-P. Laurens).

Entrée de Louis XI à Paris (Tattegrain).

97 — *Deux Gravures :*

L'Apothéose des Sciences (Besnard).

Le Triomphe de l'Art (Bonnat).

98 — *Deux Gravures :*

> *La Seine près de Jumièges* (Pelouze).
>
> *La Marne au pont de Champigny* (Bellet).

99 — *Deux Gravures :*

> *Le Sacrifice à la Patrie* (Moreau de Tours).
>
> *La Famille* (Moreau de Tours).

100 — *Deux Gravures :*

> *La Sagesse et la Vérité descendant sur terre* (Prudhon).
>
> *Le Mot d'Ordre* (Lelen).

101 — *Six Gravures diverses.*

DIVERS

102 — *Quatre Petits dessins à la plume.*

> Signés *C. K.*

CHÉRET

103 — *Quatre Affiches sur châssis.*

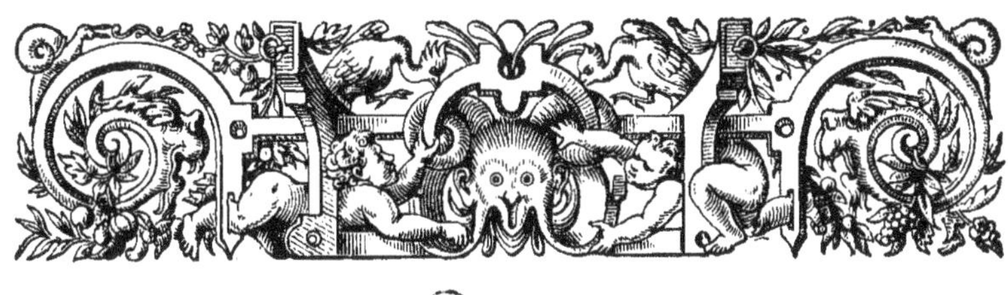

Porcelaines et Grès de Sèvres

CARPEAUX

185 104 — *Buste de femme.*

Biscuit. Haut., 53 cent.

Foinard

CARPEAUX

275 105 — *Flore accroupie.*

Biscuit. Haut., 53 cent.

DALOU

105 106 — *Paysan.*

Biscuit. Haut., 82 cent.

DALOU

300 107 — *Jeune mère.*

Biscuit. Haut., 52 cent.

DALOU

305 108 — *Liseuse.*

Biscuit. Haut., 51 cent.

DALOU

155 109 — *La Vérité.*

Biscuit. Haut., 21 cent.

DALOU

65 110 — *Les Châtiments.*

Bas-relief.

Biscuit. Haut., 3o cent.

FRÉMIET

180 111 — *Le Centaure.*

Biscuit. Haut., 45 cent.

DALOU

72 112 — *Lafayette.*

Grès. Haut., 35 cent.

DALOU

69 113 — *Lafayette.*

Grès. Haut., 35 cent.

DALOU

25 114 — *Terrassier.*

Grès. Haut., 18 cent.

DALOU

48 115 — *Terrassier.*

Grès. Haut., 18 cent.

DALOU

30 116 — *Batteur de faux.*

Grès. Haut., 12 cent.

DALOU

28 117 — *Masque de Silène.*

Grès. Haut., 14 cent.

DALOU

30 118 — *Masque de Silène.*

Grès. Haut., 14 cent.

DALOU

28   119 — *Masque de Silène.*

Grès. Haut., 14 cent.

DALOU

14   120 — *Crabe à la coquille.*

Grès. Haut., 4 cent.

DALOU

500   121 — *La Vendange.*
Guyotin

Bas-relief en grès.

Haut., 17 cent.

DALOU

205   122 — *Paysan.*

Grès. Haut., 82 cent.

DALOU

105   123 — *Buste de Vieillard.*

Grès. Haut., 32 cent.

20   124 — *Encrier en grès,* couverte colorée.

Grès de Carriès

620   125 — *Un Masque.*
Prat
200   126 — *Une Bouteille.*
Moreau Nélaton

Terre cuite originale de Rodin

1.150 127 — *Femme accroupie.*
Rhens

Haut., 42 cent.

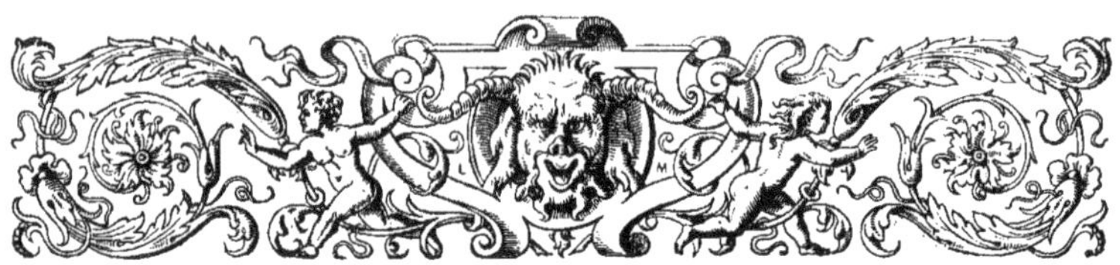

Monnaies et Médailles

15

128 — Une Médaille grecque en argent.

129 — Vingt Médailles Impériales romaines en bronze.

11

130 — Une Pièce de monnaie anglo-française (Blanc aux écus).

Une Pièce de monnaie à l'effigie de Louis XVI.

Un petit lot de Monnaies diverses.

RED. :

20

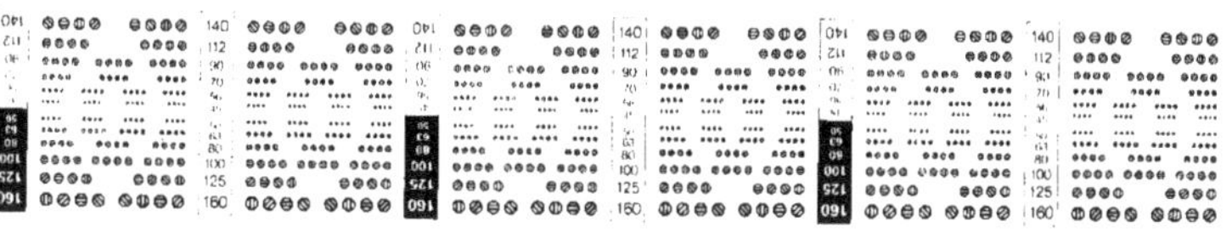

graphicom

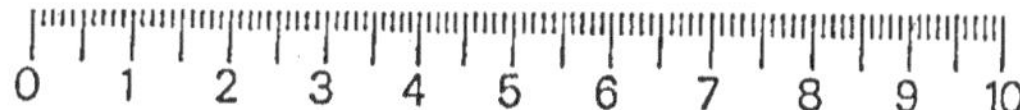

BIBLIOTHEQUE NATIONALE DE FRANCE

****

CHATEAU DE SABLE

1996

9 782329 530758